GENOWEFA JAKUBOWSKA-FIJAŁKOWSKA

ze mnie robaka
i z robaka wiersze

of me a worm
and of the worm verses

translated by
Marek Kazmierski

GENOWEFA JAKUBOWSKA-FIJAŁKOWSKA

ze mnie robaka
i z robaka wiersze

of me a worm
and of the worm verses

edited by
Wioletta Grzegorzewska

New Polish Poets Series

INDEX

„A co do początków... To stworzył Bóg mężczyznę i z niego kobietę.
I stworzył mnie i ze mnie stworzył robaka i z robaka wiersze."

"As for the beginnings... God made man and of man a woman.
And then he made me and of me a worm and of the worm verses."

Genowefa Jakubowska-Fijałkowska

Pożegnanie matki wynoszenie obecności

składasz nocne koszule piżamy niewykorzystane pampersy
do folii wkładasz aparat tlenowy strzykawki sterylne z powrotem do hospicjum

wracasz do mieszkania nie wiesz co zrobić: wynieść śmieci
podlać kwiaty rozmrozić lodówkę wypić soki owocowe otworzyć konserwy

przyprawy kuchenne rozsypać nad jeziorem
z wazonów suche róże wrzosy też rozsypać nad wodą

zdjąć ze ściany i wyjąć z ramek rodzinne fotografie

wypić z barku wszystkie resztki alkoholu
umyć się mydłami które zostały w łazience

zrobić makijaż wykorzystać kosmetyczne waciki pędzelki
na róż policzków na cienie śmierci pod oczami

rzęsy i perukę przymierzyć przed lustrem w przedpokoju
sztuczne futro z szafy założyć szalik buty na szpilkach

potem syn płaczący doczytasz książkę od miejsca z zakładką
otworzysz klatkę z papugą i okno

Farewell to mother airing her presence

you pack away the night gowns pyjamas unused nappies
take the oxygen tank sterile syringes all back to the hospice

get home without a clue as to what to do next: take out garbage
water plants defrost fridge drink it dry of juices open all canned meats

sprinkle every bit of seasoning across the earth by the lake
empty vases of roses heather drop them down there too

take from walls strip from frames all your family photos

down every bottle left in the bar
scrub with the soaps still left in the bathroom

make up with every cotton bud pad and brush
apply rose to cheeks deathly shadows to eyes

try on lashes and wigs in the hallway mirror
fake furs from the wardrobe scarves and high heels

your son crying read him his book from where you left off
throw open the bird cage then the window wide

Idę położyć biały obrus

rozsypać na śnieg podczerwone (poza zakresem światła czerwonego)
płatki szklarnianych róż płatki będą w folii nierozpoznawalne przez moje oko

będą marznąć i folia i śnieg w najniższej czerwonej częstotliwości
zasypie ta czerwień Ukrainę wszystkie zabite strzałem w łeb przed Euro psy

skowyt zostawi ślady męki psiej szkarłat na śniegu
(psy nie mają Jezusa ukrzyżowanego)

zabite psy położą na mnie białej cielesnej kobiecie języki
będą mnie lizać na sucho nieżywe do krwi

i zdejmę biały obrus ze śniegu z psów

posypię stół na którym był obrus
mąką kostną psów umyję zęby przed snem

w paście też są zabite psy

I'm going to put down a white table cloth

spill across snows infra-red (beyond the range of the visible spectrum)
petals of supermarket roses packed in foil unrecognisable to my eyes

they will feel the cold and the plastic and the snow at their very lowest wavelength
their redness shrouding Ukraine and the homeless dogs shot ahead of Euro 2012

howling their stigmata of canine passions scarlet scattering snow
(dogs do not have a Christ of the Cross)

murdered hounds will cover me their white flesh and bone woman in tongues
though dead they will lick me dry lick until I begin to bleed

and lift the white sheet of snow from their corpses

will cover the same table with
dog bone meal brush my teeth before sleep

toothpaste has dead dogs in it too

Gdy się z nim kochasz

myślisz o Japończyku on nie wie o tym
ale wkłada do ciebie jak w naczynie ceramiczne

owoce wiśni pestki kwiaty wiśni ikebany
rozkłada matę tatami celebracja picia herbaty (nie lubisz kawy)

sushi i ryż japoński krótkoziarnisty zamawia dla ciebie
gdy wychodzicie w Tokio w dzielnice hostess i karaoke

hostessy muszą wypijać wszystkie drinki (klient stawia)

śpiewać nie dotykać znać języki obce muszą być wypudrowane
zakładać ciasne buciki na stopy jak gejsze przeźroczyste pończochy

jesteś jasna blada bywasz przeźroczysta

we włosach w skórze z aureolą przy pośladkach gęsią skórką na plecach
pachniesz między nogami czerwoną poduszką

pod koniec miłości wspinasz się bez niego na wulkan Fudżi

i jesteś przez Japończyka (którego sobie wyobrażasz) nieczynna nieużywana
a wulkan w tobie lawa ziemia ogień jęk podobny do śmierci

gdy sama musisz to sobie robić czerwoną poduszką
czarny kot powinien cię uleczyć z melancholii

As you are making love to him

you are imagining a Japanese man he knows nothing of
as he puts inside you as if into a ceramic vessel

cherry fruit pips cherry flowers ikebana
the man spreads a tatami mat for the drinking of tea (you do not like coffee)

sushi and Japanese short grain rice ordered especially for you
as you enter Tokyo its districts of servant girls and karaoke

the girls must finish every drink (the customer pays)

must sing must not touch must know other languages must be made up
wear tight-fitting geisha shoes and see-through stockings

you are light pale sometimes transparent

in your hair your skin a halo around your buttocks goose pimples on your back
in between your thighs the scent of a red pillow

when the lovemaking is over you climb alone to the top of Mount Fuji

the Japanese man (as you are imagining him) has made you pointless useless
but inside you a volcano lava earth fire a moan not unlike dying

when you have to do it yourself using a red pillow
a black cat should cure you of melancholy

Love story na wschodniej granicy

wczoraj powiesiła się dziewczyna mojego brata

na klamce na prysznicu w łazience na drzewie w parku
(najbardziej się umiera przy kaloryferze aż do orgazmu do śmierci)

takie dziewczyny jak ona niosą taborety kuchenne do pokoju
stawiają pod żyrandolem zakładają pętlę z bawełnianego szlafroka

wypijają drinka zapalają papierosa poprawiają makijaż
i tak się boją zanim to zrobią

wysyłają esemesy dzwonią błagają szantażują zaklinają obiecują
przysięgają na kolanach

żebyś tylko ją nie porzucał kochał
do śmierci do ostatniego oddania ciepłego po nogach moczu

ta dziewczyna mogła to zrobić w ciepłej wodzie żyletką w wannie łagodnie
po żyłach w nadgarstku

wypływałaby stróżka krwi pod drzwiami łazienki
jak Morze Czerwone Morze Martwe

A love story on the eastern border

yesterday, my brother's girlfriend hanged herself

from a door handle a shower rail a tree in the park
(one dies best by a radiator until orgasm until the end)

such girls take stools from the kitchen to the living room
place them beneath lampshades don nooses made from bathrobe belts

take stiff drinks light cigarettes check their make up
scared stiff before doing the deed

send texts call beg blackmail curse promise
swear on their knees

just for you not to leave you to love them still
until death until the last drop of urine trickles down the leg

his girlfriend could have done it in a bath of warm water with a razor gently
across the veins the wrist

a rivulet of blood would then flow beneath the bathroom door
like the Red Sea like the Dead Sea

Częstotliwość krwi

czytam wiersze Gottfrieda Benna
zimno: leżę na posadzce w prosektorium

nie przepływa przeze mnie krew tylko woda wosk kwiatów magnolii

poeta: moje fale magnetyczne słowa wnętrzności
wypłukane żyły z krwi dotyka palcami w lateksowych rękawiczkach

(ten epizod z faszystami to nie ze mną panie doktorze)

purpura krwi wiersza zieleń ciała topielca
cząsteczki ultramaryny cyfry fizyka równania chemiczne

(poszukiwanie funkcji oddechu śmierci)

w pamięci dzieciństwa Ludwik utopiony wata w jego ustach
przez watę: szlam jezioro lato przy czuwaniu zapach kaczek błotnych

ujadanie matki ojca i nas dziewic rówieśniczek przed pierwszą komunią
wtedy Ludwik zaszczepił we mnie *gen śmierci i rozkoszy*

i ksiądz pierwszy raz położył mi ciało Jezusa na język

ty panie doktorze wbijasz we mnie po sześćdziesiątce płód aborcyjny
mnie z tym płodem i moją córkę w muszlę klozetową

The frequency of blood

while reading Gottfried Benn's poems
I feel cold: lying on the tiled floor of a morgue

no blood flowing through me only water magnolia scented wax

the poet: my magnetic waves words viscera
veins drained of blood touched with fingers draped in latex

(these fascist tricks won't work with me Herr Doctor)

purple blood poem green drowning body
ultramarine particles numbers physics chemical equations

(seeking the function of the breath of death)

in childhood memories Ludwik drowned cotton wool in his mouth
through the wool: silt lake summer keeping watch the smell of mud ducks

arguing mother father and us virgins girlfriends before First Communion
that's when Ludwik planted in me *the gene of death and the gene of love*

and Christ's body was placed on my tongue for the first time

you Herr Doctor shove into my sixty year old body another aborted foetus
me and the stillborn and my daughter down the drains

Jesteśmy Żydówkami

Judyta Sara Batszewa z podbitym okiem śladami duszenia na szyi
na udach ze śladem buta

polska Ewa żydowska w warszawskich kanałach

ty: mężowi posłuszna kochankowi
kobieta żydowska czytająca pisząca wiersze pijąca piwo

potem:
szukająca syna na ulicach na wszystkich przed supermarketami parkingach

ja: Anne Frank mam żebra zapadnięte ani piersi tylko sutki i głód i te dzienniki
i strach żydowski

We Jew women

Judyta Sara Batszewa with bruised eyes strangulation marks a cross the neck
thighs branded with boot prints

Polish Ewa a Jew down in Warsaw's canals

you: to your husband faithful your lover
Jewish woman reading writing poetry drinking beer

then:
looking for a son on street corners in each and every supermarket car park

me: Anne Frank ribs collapsed no breasts just nipples and hunger and diaries
and our Jewish fears

Mycie okien na Boże Narodzenie

w grudniu w środę jest plus 3 (mam urlop) szyby szronią bo zimny wiatr
odczuwalna temperatura minus jeden

bolą mnie kostki w nogach w krzyżu boli i łokcie bolą
wybity w dzieciństwie palec i pięta Achillesa (kiedyś miałam zapalenie ścięgna)

myję te pierdolone okna patrzę jak pająk umiera we framudze
robię mu usta usta ja mam spękane do krwi tak mnie wyssał

pająk codzienny pokojowy mieszkaniowy
(nie zabija się pająków ani męża)

dłonie posiekane chłodem jak pietruszka do rosołu z makaronem śląskim

mały palec w dłoni mam z sinym paznokciem
przycięłam zajebanym oknem w inne bożonarodzeniowe święta

święta święta Mikołaje choinki szopki światełka niebieskie

zawieszam białe czyste jak śnieg (którego nie ma) firanki
w nocy siano mi się śni z wiosny

Józef ssie Maryję Dzieciątko kwili
i ja

Washing windows in time for Christmas

December a thawing Wednesday (off work already) windows frosted over
chill factor below zero

my ankles hurting my shoulders and elbows sore
and the finger I dislocated when small and my Achilles heel (I once had tendinitis)

washing these fucking windows I watch a spider dying in one corner
blow it a kiss of life with lips chapped bleeding he has sucked me dry

the everyday domestic ordinary kind
(one does not kill spiders or husbands)

hands cut with the cold cut like parsley for broth served with Silesian noodles

my little finger topped with a damaged nail
I trapped it in this same fucking window a few Christmases back

holy holly Santas fir trees baubles fairytale lights

I put up curtains as white as the snow which has not yet come
and at night dream of hay from a Polish spring

Joseph suckling Mary Baby Jesus in his crib whimpering
and I

W czwartek umarła mama Lenki

w sobotę w nocy po tej wiadomości śniła mi się moja mama

karmiła piersią bardzo duże dziecko prawie kobietę
gdy umierała stałam w aptece po pampersy w Trzech Króli

nikogo nie było przy niej tylko anioł podobny do wszystkich aniołów
za nim biały parawan pielęgniarki szpitalne siostry salowa

w kostnicy na drugi dzień sam na sam
na wózku z ciałem między ścianami a szachownicą posadzki

zapachem formaliny i wosku miałam to ostatnie ciała spotkanie z matką
z pięknym śmiertelnym makijażem i wściekle różową szminką

i jeszcze miała mama za zielone powieki ale była piękna nieżywa
i nic do mnie nie mówiła

miała najpiękniejszą po życiu czarną sukienkę
z białą wypustką na kołnierzu czarne półbuty na koturnie rajstopy czarne (lastrik)

po ostatnim widzeniu przez śnieg styczniowy po chodnikach biegłam
kupić apaszkę na szyję w kolorze bordo prawie fiolet lila róż niebieski bez

taka była naga w tej śmierci a ja w czarnym płaszczu

On Thursday Lenka's mother passed

on Saturday the night after I heard the news I dreamt about my mother

she was breast feeding a very large child a woman almost
while she was dying on the day of Epiphany I was queuing for nappies

there was no one by her side only an angel like any other angel
behind it a white screen nurses ward nuns cleaners

in the morgue the next day just me and her alone
on a table with wheels between walls and the chequerboard floor

the smell of formalin and wax my body's last meeting with mother
her beautiful mortal make-up and screaming pink lipstick

and her eyelids too green but she looked stunningly lifeless
and was saying nothing to me

they had picked out the most elegant afterlife dress
with a white collar and black slip on-shoes and cheap black tights

after that last meeting I ran across town through January snows
to buy a neckerchief burgundy near-purple lilac rose blue

she was so naked in death and there was me in that plain black coat

Straceńcy

ostra zupa chińska serek do smarowania z UE makaron płatki kukurydziane
mleko 2% wasze love story jesienne w socjalu

po love kaszel nikotynowy skurcze w łydkach bibułka skręt
znowu kaszel plucie na dywan

splątane prześcieradło kołdra poduszki na podłodze
pety kapsle puszki po Red Bull`u

miseczka po zupie chińskiej dwie łyżki popielniczka kadzidełko
(przebiega przez pokój jeleń piżmowy ostry za nim zapach godów)

afrodyzjak ten zapach (amoniak) od żołądka i stąd ta love za firanką
za nią gałęzie drzew cztery piętra dach wiatr zimno sino na niebie

butelki na podłodze po piwie
w butelkach papierowe okręty szum oceanu fal somalijski pirat

wasze SPA w łazience: zimne lastryko pod stopami
wanna umywalka pralka polska Frania

mokre ręczniki wilgotność egzotyczna łazienki

delirium na dywanie pod balkonowym oknem

Losers

spicy instant noodles cheese spread Made in the EU pasta cornflakes
skimmed milk your autumn love story on a housing estate

love done then nicotine coughing cramped calves rizlas roll ups
coughing again spitting on the carpet

bedsheets crumpled duvet pillows
fag butts bottle caps Red Bull empties

instant noodle remains two spoonfuls ashtray incense
(a musk deer runs across the room dragging its mating smell behind it)

the aphrodisiac smell (ammonia) from the gut hence love made behind a curtain
beyond it tree branches four stories a roof wind cold the sky a pale bruise

on the floor hollow beer bottles
inside them paper ships ocean waves whispering Somali pirates

your beauty salon in the bathroom: cold tiles underfoot
bath basin Soviet era washing machine

wet towels exotic washroom humidity

delirium on the rug by the balcony door

Październikowy witraż w oknie

kilka razy przejeżdżał radiowóz:

wisiała w oknie marynarka pasek od spodni krawat
lina holownicza do samochodu smycz pies wisiał (suczka)

ręcznik slipy na klamce okna
stały puste doniczki butelka puszki po piwie plastikowe azalie

wisiała biała nitka jedwabna pająka
szkielet muchy zaschnięta sperma ślina ćma

i suche deszcze lipca 2011 pyłki szczawiu traw
z czerwca zapach akacji

babie lato wisiało i Grzegorz W.

A stained glass October window

the police patrol car passed by a few times:

everything hanging on display in the window a coat a trouser belt a tie
a motor car tow rope a leash a dog dangling (a pup bitch)

a towel a pair of underpants on the window handle
next to them empty flowerpots beer cans plastic azaleas

white silken spider thread
a fly skeleton dried sperm spit a moth

and dry rains July 2011 specks of sorrel grasses
of June the aroma of acacias

gossamer dangling along with Grzegorz W.

Listopad

wszystkich umarłych budzą:
kurwa dajcie nam spać

niech żywi zapalają znicze podpalają sobie płaszcze szale
płoną od tego szalone na jesień biedronki:

wlatują w okna na szkło na parapety na spodnie sukienki w usta
w ziemi leżą: resztki kości zęby złote i różowe dziąsła

wszystko co odcięto i protezy w glinie leżą
żywi chodzą po cmentarzu komunalnym w miejscach niemieckich żołnierzy

Ruscy mają tabliczki inni nieznani gdzieś też leżą noworodki
i płody po aborcji leżą wszyscy chodzą po nich

po mojej matce chodzi Ruski który odciął jej złoty warkocz
zgwałcił przy matce na oczach

po ojcu chodzi cały Leningrad 1942
a ja szukam jego odmrożonej stopy wszędzie

November

they are waking all the dead:
for fuck's sake let us sleep

let the living light their own candles set their raincoats their scarves on fire
ladybirds crazed with autumn burning too:

they fly into windows into panes onto sills trousers skirts lips
left in the ground: remains of bone gold teeth and pinkish gums

all that has been cut off and false limbs buried in clay
the living walking round municipal cemeteries where German soldiers lie

the Soviets have their headstones other unknowns stillborn children round here
too aborted foetuses buried walked over by all

a Russian stomping across my mother having cut off her golden braid
having raped her in front of my grandmother

the whole of Leningrad 1942 marching all over my father
while I search for the foot he lost to frostbite

Noc dzień telefony esemesy kwiaty

2:30: jedenaście nieodebranych połączeń
dwunasty esemes: *Ola ty kurwo*

potem już zasnęłaś spokojnie niespokojnie

wbijał się w twoją przestrzeń snu
między kciukiem a resztą dłoni kawałek gorącego szkła ze szklanki

trochę panikowałaś że w serce
ale to tylko był przerwany sen po esemesie

sen niesen

rano pomyślałaś żeby podziękować za kwiaty
żeby najeść się ich i umrzeć

Night day phone calls texts flowers

2:30: eleven unanswered calls
the twelfth a text message: *Ola you bitch*

after that you fell into an easy uneasy sleep

he forced himself into your dream space
a hot shard of glass held between the thumb and the palm

you panicked a little thinking it was aimed at the heart
but it was only a dream interrupted by a text message

a dream undream

in the morning you thought about thanking him for the flowers
eat enough of them to die

Widok z okna: wdowa z psem

wziął ją (teraz już wdowę) przedtem pannę z dzieckiem z dziewczynką
o dziwnym imieniu przez dwa tt

urodziła żona po dziewczynce przez dwa tt drugą dziewczynkę
jeszcze było jakieś inne dziecko:

któraś z tych dziewczynek chodziła z brzuchem nieletnia
ta pierwsza przedmałżeńska niby miała to dziecko

w końcu on z nią (teraz wdową) wzięli dziecko jako rodzina zastępcza

córka przedmałżeńska o dziwnym imieniu przez dwa tt
to była laska jak z reklamy solarium w powiatowym miasteczku

gięła się na rurze w disco na szpilkach w stringach pachniała podróbą chanel

psy osiedlowe węszyły za nią zapach marihuany
i to cięcie między pośladkami

ta nieletnia teraz pełnoletnia ma znowu dziecko
nos jej się po ciąży wydłużył siostra przyrodnia ta laska od rury

zniknęła z miasteczka i chuj wie co z nią

A view from a window: a widow walking a dog

he took her in (a widow today) before then unmarried with a child a girl
with a strange name spelled with two t's

his then wife gave birth after the girl with the two t's to a second girl
there was also another child:

one of the two girls was seen with an under-age belly
the baby meant to be born to the one with two t's

in the end he and she (a widow now) took the new child in to foster

the out of wedlock daughter her strange name spelled with two t's
was a looker like something from a discounted beauty salon ad

wrapped round a pole on stilettos in a g-string reeking of fake Chanel

neighbourhood dogs sniffing out marijuana
and the crack between her buttocks

that under-age now of age once again is with child
her nose now more pronounced her sister the pole dancer

vanished from town out of everyone's sight

Byli tacy piękni młodzi

brunet ona blondynka tleniona syn aniołek z lokami
taki z afrykańskich aniołków bo włoski i loki czarne: to po ojcu

(wzdętego brzuszka nie miał ani z głodu ani z pasożytów synek)

brunet nosił neseser skórzany podjeżdżał pod klatkę schodową różnymi fiatami
mniej albo więcej pijany a czasy były kartkowe

(ja piłam gdy wystałam: żytnią)

ona po schodach nosiła siatki z kartoflami
z pięknym w kolorze lekki krem kalafiora kwiatem

w weekendy synka brunet prowadzał do piaskownicy gdy opuszczały ją dzieci
z plastikowymi wiaderkami z czapeczką od słońca

pod jasny wieczór ze śladami słońca prowadzał go synka
bo myślał że już odparował po nocy psów i kotów mocz

światło ciemniało do fioletów z lekkim srebrem księżyca
piasek nabierał wilgoci do wiaderek i w majteczki

teraz syneczek potyka się o stopień w internetowej kawiarence
tam ciemno: monitory jak księżyce upiorne światło niebieskie

(przypominają mu się osiedlowe piaskownice)

They were so young and pretty

he dark haired she bleached blonde their angel son with curls
like some African kind of babe ever so black: taking after the father

(no distended hungry belly or parasites did the angel son suffer)

the dark haired father kept parking new cars outside the tower block
more or less drunk even in times of the most severe rationing

(I drank when the queues let me: rye spirits)

she would drag potatoes up the stairs
in bags ever so pretty a shade of cauliflower cream

at the weekends the dark haired father would take the boy out to the sandpit
once the other children left with a plastic bucket and a hat to shade the sun

come early evening ever so slightly tanned he would bring the son out
believing the stink of dog and cat piss from the previous night had evaporated

light darkened into violet with a hint of moon silver
the sandpit moistening buckets and kids' underpants

now the same boy trips up on the steps outside the internet café
where it is dark: screens like moons a terrible blue light glowing

(they remind him of the playground sandpits)

matka jego z odrostami po schodach on mąż po latach ojciec jego
niesie reklamówki ona już (matka) ma tylko odrosty we włosach

urywany oddech ciche tony serca odciski na małych palcach
złuszczone łokcie od księgowości

brunetowi zapadły się policzki ciężko oddycha nie jeździ ani fiatem ani niczym
chodzi po schodach powoli i żaden zapach za nim

syneczek kocha się z facetami nosi coraz bardziej korekcyjne szkła
i wiaderka do piasku dla chłopczyków z lokami

his mother roots showing going up stairs he a husband years later his father
carrying the bags she already (the mother) only has roots left to show

a torn sigh quiet tones the heart blistered finger tips
elbows peeling from long hours bookkeeping

the dark haired man's cheeks sallow his breathing harsh no cars any more
climbing the stairs slowly no smells following

their boy making love to other men wearing ever more powerful contacts
taking buckets to the sandpit for boys with curly hair

Wiersz

o Cyganach ciepłej wrześniowej nocy jakby już umierało lato
a jeszcze nie umierało

pachniało dymem ostrą czerwoną papryką skrzypcami
mówiłaś: *że oni to się chyba nie myją* a ja: że to ten egzotyczny klimat ten zapach

ta *lekkość bytu* że są wszędzie gdzie ich nie chcą
że robią wesela pogrzeby na sto osób że noworodki wrzucają do rzeki

jak przeżyją to żyją do następnego rzucania do rzeki

o co ci chodzi z tym zapachem:

ich kobiety pachną krwawym łożyskiem wiśniowym drzewem skrzypiec
dymem ogniem i gdy tańczą pierwszy raz to potem już rodzą jak suki

Cyganie grają na skrzypcach i w szachy palą skręty piją

a ty stajesz w tle:
blondynka w czerwonych butach z cienkim żylakiem na łydce

ja muszę skasować zdjęcia bo mi przypierdolą

A poem

about Gypsies a warm September night the summer almost dying
yet not quite there

the air smelling of smoke hot red peppers fiddles
you saying: *they don't seem to wash* and I: the smell just makes them more exotic

that *lightness of being* going where they're not wanted
weddings funerals hosting hundreds casting their newborn into rivers

and if they survive this they struggle on until the next bend

what is your problem with the smell:

Gypsy women reek of bloody childbearing cherry wood fiddles
smoke fire and after dancing their coming-out party give birth like bitches

Gypsy men play their fiddles and their chess smoke rolled up cigarettes drink

you stand still in the background:
a blonde woman in red leather boots with a thin varicose vein

I must delete these photos before they kick my head in

Szafa

jest w pokoju możesz uchylić drzwi wejść
jak dziecko possać kciuk zmoczyć spodenki ze strachu

(tak się nie bawią grzeczne dziewczynki w szafie a ty?)

możesz za drzwiami zwalić konia kilkoma ruchami
nerwowo szybko (sublokator) możesz całować krawaty

bać się burzy która nie nadchodzi klęczeć przymierzać sukienki
buty na obcasach halki staniki kolczyki

w lustrze malować usta czerwonym flamastrem
możesz do szafy zabrać zielony absynt i zapałki

podpalać garnitury ocalając z szuflady białe majtki
wkładać do ust jej mokry palec

The Wardrobe

it is in the room you can open the door can enter
suck your thumb like a child wet your pants with fear

(good girls don't play such wardrobe games do you?)

hid inside you can knock one off with a flick of the wrist
nervously quickly (a subtenant) you can kiss the neck ties

fearing the storm which is not coming kneeling trying on dresses
high heeled shoes slips panties bras earrings

in the mirror you paint your lips red with a marker
taking into the wardrobe green absinthe and matches

setting suits on fire saving only a pair of white panties from a drawer
sticking her wet finger inside your mouth

W aptece

na podróż: potas magnez przeciwbólowe różne od gorączki
na malarię w Afryce Wschodniej na przeloty: relanium i inne nasenne

(na żółtą febrę mam żółtą książeczkę)

ciężarna: różne homeopatyczne leki zioła delikatne kremy na rozstępy
na lekkie oddawanie i na nietrzymanie moczu

coś na łagodne rzyganie przed śniadaniem i po śniadaniu

kobieta w wieku na odlocie na tamten świat:
pampersy kremy na odleżyny linomag żele bandaże dermosan tłusty

(proszą ją w aptece żeby usiadła bo może nie dostoi)

wchodzi kobieta z kwiatem i piórkiem we włosach
może weselna jakaś wczorajsza druhna albo panna młoda pijana

może wariatka: one chodzą wszędzie wariatki
przez osiedla parki chodniki ścieżki rowerowe ulice

szalety publiczne trawniki po kwiatach po łąkach
po rynku chodzą

At the chemist's

for the trip: potassium magnesium painkillers pills of all sorts against
East African malaria then for the flights: valium and other sleeping meds

(I have a yellow book against yellow fever)

if pregnant: various homoeopathic ointments delicate creams for stretch marks
for light and effective bladder function

something to aid easy vomiting before and after breakfast

a woman of some years in flight to the other side:
nappies bedsore creams baby shampoo gels bandages anti-histamines

(at the chemist's they offer her a chair as the queue is long)

a woman with flowers and feathers in her hair comes in
maybe straight from a wedding yesterday's maid of honour or a drunken bride

maybe mad: they get around those crazy women
circling estates parks pavements cycle paths streets

public toilets lawns flower beds meadows
haunting the town square

Męka pańska z nim

przechodzi fazy zaprzeczania iluzji zakłamania
któryś z grzechów głównych popełnia na sobie najpierw

potem na tobie ma zespół Otella
naciera twarz pastą do butów czarną (będzie opera)

tak cię męczy stawia pod mur osacza linczuje ciebie
białą kobietę w swojej psychozie

obłęd zazdrości remisja wszystkiego czego nie ma
stoi za drzewem czeka na ciebie na niego

zdejmuje twoją nocną koszulę perukę
szuka innych włosów łonowych w tych których nie masz

śladów innego języka twoja męka z nim:

że listonosz przynosi pocztę że z nim też
z dentystą z kosmetyczką sąsiadką z żółwiem w akwarium

nawet w skrytce pocztowej te wszystkie reklamy
to do ciebie informacje że schadzki liściki miłosne

masz się przyznać że to zrobiłaś że się kurwiłaś

wtedy ci wybaczy pogryzie ponacina nożem kuchennym
albo harcerską finką zaślini krwią

To the devil

he goes through stages of denial delusion deceit
any mortal sin he commits against himself first

then it descends upon you the Othello syndrome
his face covered in black shoe polish (there will be drama)

punishing you up against a wall accosting lynching
the white star of his psychosis

jealous madness remission everything which is not there
hiding behind a tree trunk for you for him

he takes off your nightdress your wig
hunting strangers' pubes in the hair you no longer have

the trails of another tongue he is the devil's work:

that the post man with his heavy bag that you did it with him too
and the dentist the beautician the neighbour and the turtle in his aquarium

even in the mail box all those leaflets and ads
messages calling you out for trysts little love letters

you are to say you did it you whored around

that is when he will forgive bite cut you up with a carving
or a scout's knife salivating blood

Jutro powinnam smażyć placki ziemniaczane w południe

pod wieczór małym fiatem 126 p (jutro) na porodówkę powinnam jechać
gdy nic mnie nie bolałaś i nie byłaś w terminie

gdy nie przygotowałam nocnej flanelowej z guzikami
nie wygoliłam włosów na wzgórku łonowym na łydkach pod pachami

nie zabrałam do fiata żyletek ani brzytwy
tylko Marlboro i czechowickie zapałki och lata siedemdziesiąte:
kartki na żarcie papierosy wódkę żółty ser mleko w proszku

gdy się tak bardzo nie przygotowałam matka po raz drugi
mogły mi przecież pękać żylaki na wargach sromowych i w odbycie

(kurwa jak się bałam wtedy gdy jechałam tym małym fiatem)

na izbie szok że rodzę że rozwarcie że pośladkowy że kleszcze
a ty po kawałku ze mnie w czwartą RP

Tomorrow I should be frying potato pancakes at noon

come evening I should take the little Fiat (tomorrow) to the maternity ward
this when you weren't hurting me at all and weren't due yet

when I hadn't yet got my towelling bathrobe all packed
hadn't yet shaved my pubic mound my calves my armpits

I did not pack into the Fiat razors or blades
only Marlboros and a spare box of matches dear me the Seventies:
everything rationed food fags vodka cheese powdered milk

when I hadn't prepared all that well me a mother again
the varicose veins on my labia or my anal passage might have given way

(I was so fucking scared that day riding the little Fiat)

the ward shocked that I am in labour dilating the breech birth the forceps
and you bit by bit out of me into another new Poland

Nie rozmawiajmy w piątek w nocy o Bukowskim

musiałybyśmy mieć jaja
tor wyścigów konnych w pokoju i wiedzieć jak się rzyga batonami snickersa

mieć głód w żołądku głód ciała alkoholu Mahlera i seksu
i żadnej kurwy w pobliżu pola maku żadnego opium

i przeżyć poranki z krwią w stolcu gówno w ustach nad umywalką
zmyć pot jak kaszę gryczaną jak cynamon zapadającego zmierzchu

wzwody poranne musiałybyśmy mieć

i walić konia zamiast delikatnie dotykać łechtaczki
tak jak zbieranie z asfaltu rozjechanego psa

musiałybyśmy mieć ropny trądzik ślady po nim jak małe woskowe ule
z rana klinować ostro i znowu rzygać do umywalki

zastawiać maszynę do pisania
(miałaś kiedyś maszynę do pisania?)

twoja blizna na twarzy:

nie wciskaj mi kitu że przypierdolił ci Bukowski
z innym się rżnęłaś mała i piłaś

Let us not talk Bukowski on a Friday night

we would need to grow balls
set up a race track in the room and learn how to puke Snicker bars

have a belly full of hunger for bodies booze Mahler sex
and no whores anywhere no poppy fields or opium

see mornings in with blood in our stools and shit on our lips
wiping off sweat as thick as buckwheat as cinnamon dusk falling

morning wood a must

we would need to hump our fists instead of teasing the clit
just like scraping dead dogs off of asphalt

we would need acne scars like tiny wax hives
booze on from early morn and puke again down the sink

hock our typewriters
(have you ever owned a typewriter?)

that scar on your face:

don't bullshit me about how Bukowski hit you
it was others you were fucking and boozing with sweetie

Dziecko ma prawo

do:
niedojrzałych jabłek smaku cierpkich wiśni pod koniec czerwca
bajki o czerwonym kapturku wakacji na osiedlowym podwórku
trzepaka na dywany przy śmietniku dwóch metalowych poręczy
osiedlowych bramek do siatkówki które czasem zabijają do huśtawki
piaskownicy w której koty zaznaczają swoje tereny do wynoszenia śmieci
odkrytego basenu wody chlorowanej zielonej lodów kolorków
torów kolejowych szlabanów pod którymi nie zawsze zdąży przebiec
do ojców którzy wracają nad ranem do matek wariatek
znoszenia rowerów do piwnicy strachu przed pajakami
dziadków znudzonych życiem kolacji parówki z musztardą
dobranocki w TV która sama się ogląda
chomika który umiera rybek które śnią oceany
królika miniaturki pasty do zębów szczoteczki piżamy
plakatów na ścianie do malowania kredą na chodnikach do gry w klasy
skakania przez gumę do klatek schodowych windy z mężczyzną
lęku nocnego do krzyku moczenia się w pościeli

do końca wakacji

The child has a right

to:
unripened apples the flavour of sour cherries at the tail end of June
Red Riding Hood fairytales school holidays spent in the playground
climbing all over a rug beating frame near the bins and its parallel bars
volleyball posts which sometimes fall crush and kill to playground swings
a sandpit in which tomcats mark out territory to taking out the rubbish
open-air swimming pools water stinking of chlorine ice lollies
crossing railway tracks barriers not everyone will clear in time
to fathers coming home at sunrise to maddened mothers
dragging bikes down to basements fearing the spiders
grandpas tired of life frankfurters with mustard
cartoons on TV watched at home alone
hamsters dying goldfish dreaming oceans
dwarf rabbits toothpastes toothbrushes pyjamas
posters on the wall to chalking hopscotch squares on pavements
ropes to skip stairwells to run up lifts to ride with strangers
nights of fear of screaming of wetting the bed

to the end of summer

Poeta boi się burzy

zakłada czarny garnitur białą koszulę czerwony szalik na szyję
koc zapasowy z szafy na plecy

ssie palec ma otwarte uszy grzmoty toczą się w nich jak kamienie

wypływa wosk i czarne niebo w rozbłyskach na przestrzał
poety szafy kartek białej pościeli na łóżku

i drży poeta i wiersz w nim drży i nie może go zapisać

burza nie cichnie w nim tylko za hotelowym oknem
on dalej w szafie i ona w nim (ta burza) i spada niezawieszony szlafrok

jeszcze się boi poeta ale już myśli: o hotelowym śniadaniu
o półksiężycu pomarańczy o soku z mango o grzance tostowej

o podróży do Kolonii

A poet afraid of thunder

puts on a black suit a white shirt a red scarf wrapped round his neck
a spare blanket from the wardrobe draped across his back

sucking his thumb ears wide open thunder rolling in them like boulders

wax waning and a black sky lightning shooting right through
the poet the wardrobe pages white sheets over the bed

and the poet trembles and the poem in him too and he can't get it down

the storm inside him does not ease only outside the hotel room window
he is still in the wardrobe and it in him (the storm) and a robe falls

the poet still afraid but now thinking: of the hotel breakfast menu
of the half-moon orange of fresh mango juice toasted rye bread

of moving on to Cologne

Gdybyś miał raka trzustki

genetycznie obciążony z grupy ryzyka
byłyby przy tobie kobiety: matka żona kochanka córka

karmiły zupą ryżową na wodzie
przecierały spękane wargi wodą wynosiły basen zmieniały pampersy

czuwały przy twoim łożu szpitalnym jak zakonnice
i spowiadały się za ciebie bo grzechów nie możesz wyznać

wszystko przejebałeś: rodzinę lodówkę samochód wycieczki za miasto
wędkowanie nawet przejebałeś i łowienie pstrągów rękami i drogę pod górę rzeki

i wycieraczkę przed drzwiami

teraz w nawracających psychozach:
gra ci Radio Piekary i Radio Maryja i Trąby Jerychońskie i telefony

Wioletta na balkonie krzyczy i jej dziecko autystyczne:
woła coś w przerażeniu co nie jest tobą nie byłeś molestowany w dzieciństwie

teraz sam to sobie robisz: i płaczesz bo sobie przypominasz
komunijny zegarek rozbity młotkiem i pierwszy samogwałt na sobie

i to jak przypierdoliłeś czarnemu kotu na płocie młotkiem

If you had cancer of the pancreas

were a member of a genetically high risk group
women would be by your side: mother wife lover daughter

feeding you watered-down rice soup
moistening cracked lips taking out bedpans changing diapers

holding vigil by your hospital bed like nuns
confessing in your name for you cannot profess your sins

you fucking blew everything: family furniture fridge car weekend trips out of town
even blew fishing and catching salmon with your bare hands and hiking and rivers

and the doormat outside your own house

now in reoccurring psychosis:
you hear Radio Piekary Radio Maryja the Trumpets of Jericho and phones

and Wioletta on the balcony and her autistic kid both shouting:
something in you screaming something alien you were never molested as a boy

now you're doing it to yourself: and you're crying because you now remember:
the first watch you got then smashed with a hammer and your first guilty wank

and the black cat you smashed with that same hammer too

Chciałabym być kobietą

umrzeć na wysokich obcasach mieć piersi pośladki suknie z dekoltem
(te mleczne piersi napęczniałe Rubensa cielesne w różu do zrzygania)

silikon wszędzie botoks i żadnych blizn tylko kamień

marmur żeby był we mnie z Milo żebym ja była tym marmurem
Rodinem bo jednak chciałabym może być mężczyzną

mam te sny samogwałty w których za drzewami czają się ekshibicjoniści

stoją samotni w wykrochmalonych koronkach co śniły się w średniowiecznej nocy
(z utratą cnoty i spalonych włosów łonowych na stosie)

mają tipsy (ci mężczyźni za drzewami) półroczne na paznokciach
ranią siebie w ostatecznej chwili

spływa płyn ustrojowy o smaku wilczej jagody
po pniu spływa czasem na liść czarnego bzu kropla krwi

chciałabym być kobietą
urodzić dziecko potem kobietę mężczyznę i londyńskie metro

I would like to be a woman

die wearing high heels have breasts buttocks dresses with low necklines
(those milky Rubens breasts the flesh so pink you want to puke)

silicon everywhere botox and not a scar to be seen only stone

Milo marble to be in me for me to be that marble
Rodin because perhaps I would rather be a man

I have these dreams of masturbating while exhibitionists hide in trees

they stand there lonely in starched lace collars dreamt up in a medieval night
(with loss of chastity and pubic hairs burnt at the stake)

they have fake nails (the men behind the trees) glued on months ago:
they harm themselves at the very last minute

bodily fluids trickling tasting of nightshade
the bark sometimes dripping blood down elderberry leaves

I would like to be a woman
give birth to a child another woman a man and an underground train

Pracownice socjalne wychodzą w teren

od 10.30 do 13.30

kobiety myją krocza mężczyźni penisy

wszyscy podopieczni
sprawdzają na żółtych samoprzylepnych kartkach daty

zgniatają stopami puszki po piwie ranią małe palce w nogach
zmiatają pod schodzony dywan pety śmieci słońce

socjalne z telefonami komórkowymi blade zmęczone wypalone
robią przy okazji zakupy w Biedronce

myślą o wietrznej ospie dzwonią pukają wchodzą
gdy im otwierają:

wdychają prątki gruźlicy w usta sieć pająków dym skrętów
powstrzymują mocz ze strachu noszą wkładki higieniczne

socjalne mają wszystkie fobie:

po nocach śnią siekiery młotki szmaty pleśnie
sierść psów kotów królików chomików śnią śnięte złote rybki

podopieczni samotni jak bogowie kochają zwierzęta wszelkie
czasem wyprowadzają w las na umieranie przez kilka dni

Social workers plying their trade

from 10.30am to 1.30pm

the women washing crotches the men penises

everyone subservient
checking dates on yellow post it notes

crushing beer cans with their feet injuring their toes
sweeping under worn out carpets fag butts dirt sunshine

social workers with their mobile phones pale worn exhausted
picking up bits of shopping while doing their rounds

paranoid about chicken pox they ring knock enter
when the doors are opened:

TB carried on dust mites cobwebs cheap fag smoke
holding their pee in out of fear their gussets reinforced with sanitary pads

social workers live on phobias:

at night they dream of axes hammers rags moulds
the fur of dogs cats rabbits hamsters dreaming dazed goldfish

their subjects as lonely as gods they love all the animals
sometimes taking them out to the woods to die over days

socjalne nie dają rady utrzymać na świadczeniach MOPS-u
królika w klatce rybki w akwarium miotu nie upilnowanej suki

one ciągle się gżą te suki

social workers can't manage the government grants for the
rabbit hutches aquariums the litter of their ill-disciplined bitches

they're always on heat those whores

Sen Magdaleny

prowadzisz mnie za rękę mam zielone powieki tandetny makijaż
starzejącej się kobiety w uszach puste dziury

(cyrkonie srebro bursztyn sztuczna perła w chińskiej miseczce na meblościance)

w tym śnie nie ma miejsca na kolczyki na bursztynowy hasz w uszach
idziemy drogą polną w górę ale jakby bardziej do nieba niż przez góry

idziemy i mija nas kobieta w czerni na szpilkach w butach w kapeluszu
pytasz mnie: *kto to w tej przestrzeni przed nami na drodze*

w twoim śnie mnie pytasz: to kobieta która umarła

za nią blisko mężczyzna mówię ci że ją minie że zdąży
przed nami brama kraty w zielonej pleśni wszystkich ogrodów

ja jestem za nimi za kratami a my dwie przed nimi

trzymasz mnie ciągle za rękę:
Gala kurwa przecież idziesz ze mną nie możesz być przede mną

tak kotku: nie wiesz że ja jestem dwa razy zawsze odkąd pamiętam i nie

: kurwa brałaś coś Gala
tak kwas był zajebisty biały czysty zimny jak Grenlandia

i zapomniałam jak skończył się twój sen

Magdalena's dream

you lead me by the hand my eyelids green the cheap make-up
of an ageing woman pierced ears empty

(cubic zirconias silver amber fake pearl in a Chinese bowl on the sideboard)

in this dream there is no room for earrings for amber hash in the ears
we are climbing a country lane but more towards heaven than any peak

when a woman in black wearing high heels and a hat passes by
you ask me: *who is that in the distance on the road before us*

in your dream you ask me: it is the woman who died

a man following her I tell you he will catch up he will make it
before us a gate a steel fence in the green mould of all the world's gardens

I am behind it behind the fence and we two before them

you keep holding my hand:
Gala fucking hell you are walking with me stop racing ahead

yes darling: you don't know I am twice always as far as I can remember and not

: for fuck's sake Gala are you on something
yes acid it was wicked white as pure as cold as Greenland

and I forgot how your dream came to end

Poznań Główny piątek

cytat z pierwszej piwiarni blisko dworca:

czy cię kurwo jebana pojebało kurwo jebana
przez ciebie rozlało mi się piwo jebana kurwo

pulsują mu na szyi tatuaże pękają tętnice moszna rozrywa spodnie
zapach akacji intensywny (jest połowa maja a czas akacji to czerwiec)

zakonnica w szarym habicie przez komórkę od 40 minut nadaje
(pewno do nieba w weekendy ma darmowe)

targuje się że lepiej do Afryki Środkowej
że w Kongo zabite goryle że noszą na marach ciężkie czarne zwłoki

samce alfa błąkają się za samicą i ona się boi (zakonnica)

koziołki poznańskie fikają bodą różkami mnie zakonnicę
i tego z tatuażami

Poznan Central Friday

overheard at a nearby beer stand:

are you fucking fucked up or something
you made me spill my beer you bitch

his inked neck bulging veins near bursting balls straining jeans
the intense aroma of acacias (it is May though they peak around June)

a nun in a grey habit has been on her mobile for the past half hour
(bet she gets free minutes to heaven at weekends)

she is arguing that Central Africa is better
that in the Congo gorillas are slain heavy black corpses carried on biers

alpha males lost seeking their females and she is scared (the nun)

the town hall bell tower goats ramming me and her
and him with the tattoos

Noc w wielkim mieście

wzięłam pokój w hotelu Royal miałam spać w Zamkowym
ale na dziedzińcu paw ogonem zasłaniał mi widok twarz

jadłam barszcz czerwony z kołdunami
poeta w ciągłym napięciu drganiu wpisywał mi w *Drugie ja* dedykację

w hotelu noc przy otwartym oknie gorąco duszno nadchodziła burza
lądowały awaryjnie wszystkie Jumbo Jety (spałam bez majtek)

złoty księżyc po burzy napierdalał w oczy jak słońce
lunatykowałam na krawędzi okna potem śniła mi się Krystyna Janda

człowiek z żelaza chodził po schodach tam i z powrotem
od moich drzwi hotelowych w ciasny korytarz po bordo dywanie

i jeszcze raz tam i z powrotem po schodach kruszył się marmur
o świcie wiertarki młoty pneumatyczne gwoździe do krzyża

autoalarmy napady na banki i ten zamkowy paw też
miałam od samego rana rozpierdolony mózg kosmetyki bieliznę

A night in a big city

I took a room at the Royal though I was meant to stay at the Castle
but the courtyard peacock kept blocking my view of faces with his tail

I had clear borscht with dumplings
a poet in a constant state of alarm trembling signing my copy of *The other me*

in the hotel the night spent by the open window hot stuffy a storm coming
all the jumbo jets making emergency landings (I was sleeping naked)

after the storm had passed a golden moon blazed like a fucking sun
I sleepwalked on the edge of the window then I dreamt about Krystyna Janda

man of iron kept stumbling up and down the stairs
from my hotel room door down the narrow hallway across the crimson carpet

and once more that way and then back up again marble crumbling
at dawn drills pneumatic hammers nails for the cross

car alarms bank robberies and that castle peacock too
from early morning my head fucked my cosmetics my underwear

Osobowość borderline to ja i ty

nie bój się mała też to mam na nadgarstkach cięcia
do ramion

wygolone włosy na czole depilacja strachu myśli
wszędzie to mam: blizny stygmaty bandaże plastry otwarte rany

żyletki

elektryzują nam się włoski na łydkach zakładamy nogę na nogę w fotelu
będzie krew w TVN 24 i na emalii wanny

bez sensu życie przez oddychanie jedzenie wydalanie miłość
lęk w krwawym moczu i widok z okna w Wenecji:

że ciągle płyną gondole że zostawia nas mężczyzna kobieta dziecko matka
ta pustka wewnątrz na zewnątrz w powietrzu i ojciec i brat

kochanek który odszedł w *siną dal* który umarł na którego czekamy
drgające księżniczki na ziarnku grochu śpiące królewny śnieżki

wierzymy w krasnoludki kochamy krasnoludki
rozrywamy im kubraczki wyrywamy krótkie nóżki

potem zasypiamy na wieki i czekamy na królewicza
albo smoka

Borderline personalities that's me and you

don't fear little girl my wrists have them too slashes
up to the elbows

shaved hair plucked forehead fears thoughts
all over me: scars stigmatas bandages plasters open wounds

razors

the hairs on our shins charged with static we cross our legs
there will be blood on news channels and bath enamel

pointless this life through breathing eating excreting love
fear in bloodied urine and a view from a window in Venice:

that gondolas keep floating by that men women children mothers keep leaving
that inner emptiness outside in the air and a father and a brother

a lover who went off *into the blue* who died for whose return we wait
trembling princesses on peas sleeping beauties sleeping

we believe in dwarves we love dwarves
we tear open their coats rip off their tiny legs

then we fall into long long sleep awaiting a prince
or a dragon

Powrót na oddział psychiatryczny

boisz się a podchodzisz tak blisko na dotyk prawie na styk
szpitalne pawilony z czerwonej przedwojennej cegły

rzymskie cyfry arabskie znaki alfabet esperanto matematyka
geometria język migowy arlekiny kukły mimy tancerki

powietrze w białych maskach

pielęgniarka z kluczem zakaz palenia wszędzie
wariujemy jeszcze bardziej ziemia oddycha za szybko biały bez we krwi

przez zakratowane okna siatkę mur zamknięte drzwi
przechodzimy jak anioły zagłady kochanki wszystkich przylądków

nie chcesz już sobie wyobrażać jak zabili psa sukę
kobietę w słonecznych okularach za niemiecką kotłownią

A return to the psychiatric unit

you are afraid and yet you come close enough to touch almost to hold
hospital buildings of red pre-War brick

Roman numerals Arabic lettering the alphabet Esperanto mathematics
geometry sign language harlequins puppets mimes dancers

oxygen in white masks

a nurse with a key no smoking anywhere
we go even more nuts the earth breathing too quickly white lilacs sans blood

through barred windows netting solid walls shut doors
we pass like angels of destruction lovers of all peninsulas

you no longer want to imagine how they killed the dog the bitch
the woman in dark glasses behind the German furnace

Okno pod piątką

gdzieś tu blisko spał ktoś za tym oknem
z gejem Arturem nad ranem sam

pustostan zasypany kartkami zielonym szkłem
surrealistyczna przestrzeń *taki pejzaż* w lampie

iluminacja deja vu na końcu miasta jazz
puste hale fabryczne przewody elektryczne

ktoś zawiesił na weekend pościel łamie światło mur cegłę

cały tydzień okno we mnie: w piątki pamiątki
dróg krzyżowych krzyż w jamie ustnej w krzyżu słowa

w sobotę nad ranem jest wtorek gra w klasy na asfalcie biała kreda

w środę i w czwartek przebity tydzień
na szybie nacięcia zapałek na mojej skórze ogień trochę siarki

potem *ta niedziela ostatnia* i nie ma połowy tygodnia
szybki lekki śmiertelny orgazm w piątek

pociągam zawleczkę

The window at number five

somewhere nearby he slept behind that window
with gay Arthur in the morning alone

unfurnished littered with loose pages green bottles
a surreal landscape *such a view* in a street lamp

illumination deja vu on the edge of town jazz
empty warehouses electrical cables

someone hung out their weekend washing splitting light walls bricks

all week the window in me: Friday forgettings
of stations of the cross a cross in the oral cavity in the cross of tongues

on Saturday morning it is Tuesday playing hopscotch on asphalt white chalk

on Wednesday and Thursday the week crossed through
lines etched in glass with matches my skin on fire some sulphur

then *this the last ever Sunday* and there is no mid-week
a quick easy mortal orgasm on Friday

I pull the pin

w tym tygodniu chcę zostać stażystką gabinetu dermatologicznego

to masz nerwowe zostało w tobie na mnie nie przechodzi
swędzenie świerzb wszawica grzybica paznokci egzema plamki czerniaka

pięty masz schodzone tak że ciągle w nich beton chodnik

nie ma w pobliżu gabinetu pola lawendy kruków na niebie
nie będziesz sobie strzelał
w serce ani w nic nawet w skroń (a już wcale w gabinecie)

mnie będziesz zabijał w polu rzepaku palcami pianisty (nie będzie krwi)

zdążę wnieść olej jadalny roślinny z pierwszego tłoczenia rzepakowy
na skórę twoją dla mnie na włosy stąd ten łupież płatki owsiane błyskawiczne z UE

jeszcze do oleju wracając ostatnie namaszczenie: dla ulgi nie dla
śmierci sakramenty
zwyczajne kuchenne oleje wprowadzam do gabinetu bez zgody koloratek

zapalenia skóry różyczki uodparniające płody kobiet i zwierząt po przebyciu
choroby wszystkie alergiczne od powietrza wody i ognia mnie strzeż

this week I wish to become an apprentice in a skin care clinic

there you go it's all your nerves I'm still suffering from
lice scabies itching eczema toenail fungus spotted skin melanoma

your heels so worn they are all the time set in concrete pavement

there is no surgery close by no fields of lavender crows in the sky
you will not shoot
yourself in the heart or even the temple (certainly not in the surgery)

you will kill me in rape fields with the fingers of a pianist (no blood shed)

I will have time to spread extra virgin rapeseed vegetable oil
on your skin for my hair hence the dandruff porridge oats made in the EU

returning to oils once more administering last rites: for relief not for
death the sacraments
ordinary cooking oils brought into the surgery without dog collar permissions

dermatitis rubella immunization the foetuses of women and beasts who suffered
all ailments allergies borne on air and water and fires now protect me against

PS do przesyłki z trampkami

nie trzeba przeszkadzać szczęśliwym

niech się roją kochają niech się po klatkach schodowych
pod mostami w hostelach motelach w noclegowniach

niech się też i w hotelach Sheraton kurwią

jesteś blisko kobieta która jego plecy śliną
jego blizny nogi w słowo w krzyże roślinne w księżyce zamienia

i są twoje pomarańczowe buciki jego akwarium w którym pływasz śnięta
gdy wylizuje twój martwy brzuch ryby a ty już nie oddychasz

ani wodą ani powietrzem ani szkłem światłem z dużego okna pokoju

jest kuchnia którą zrobiłaś ze stajni
przed każdą pełnią galopują przez nią konie przez ciebie liżesz im kopyta

mają smak sałatki śledziowej z ziemniakami

on ciągle przed akwarium nawet gdy cię tam nie ma i nie pływasz śnięta
i nawet gdy w Księżycach jest pełnia

PS to the pair of trainers in the post

there is no need to bother those who are happy

let them multiply make love on staircases
beneath bridges in hostels motels boarding rooms

fuck themselves in Sheraton suites

you are close the woman who tends to his back with saliva
his scars legs you turn into the word into flower crosses into moons

and these are your orange booties his aquarium in which you float dazed
as he licks your barren fish belly though you are no longer breathing

not with water nor air nor glass the light from the living room window

there is the kitchen you converted from a manger
before each full moon horses galloping thrugh it through you as you lick
their hooves

they taste of herring and potato salad

he is still there with his aquarium even when you are gone no longer
swimming dazed
even when in Księżyce the moon is on full

Po

chciałam po zagajeniu i wstępach włączyć się przy okrągłym stole
do filozoficznej dyskusji o Wirpszy fotografii ideologii i metafizyce

nie wypadało miałam na sobie brudną bieliznę
ale wpadłam z nimi na imprezkę po

zamówił zupę cebulową
wycierałam mu serwetką nitki sera z brody patrzyłam w oczy

(była w nich studnia i czarne kręgi wody pod)

chciałam zatańczyć orkiestra we mnie grała górnicza dęta
on: *kobieto ja nigdy nie tańczę* i orkiestra we mnie przestała grać

wyszłam do toalety zimno jak kurwa mać sikam grzebię w torebce kosmetyczce
moczę grzebień w wodzie z klozetu (nie ma umywalki) nikt mnie widzi

elektryzują mi się włosy

wracam na salę kominkową gdzie wolno palić (pić można też)
i widzę piękne zęby mężczyzny z reklamy pasty Colgate

mówię mu o tym i proszę o adres e-mail
on: *kurwa nigdy w życiu*

After

the introductions and the stage banter I wanted to join the round table
discussion about Wirpsza's verse photography ideology metaphysics

it wasn't the done thing I hadn't changed my underwear
dropping in on the party right after

he ordered onion soup
I wiped cheese trails from his beard catching his eyes

(wells within them ringed beneath in black)

I wanted to dance the orchestra in me playing like miners on parade
he: *woman I never dance* and the orchestra in me died

I went to the toilet fucking freezing pissing going through my handbag
moistening the comb in the toilet (there is no washbasin) no one sees

my hair charged with static

I return to the reception room where you can smoke (and drink)
and see the gorgeous teeth of a man from a Colgate ad

I tell him what I see and ask for his email address
he: *not a fucking chance*

Oblubienica

w piekarni w kolejce czy ma majtki pod habitem w taki upał
na googlach sprawdzałam:
tylko gadżety przebrania wieczory panieńskie wyuzdanie

nic o majtkach zakonnicy (ani o moich)

czy ma bawełniane rajstopy halkę białą pod czarnym
stanik z puszapem na opadające od mleka w proszku piersi

czy bierze hormony na menstruacje obfite
jak krwawienie Jezusa w *Pasji*

czy się biczuje żeby krew była świeża słona w smaku jak pot
słona jak Morze Martwe

The bride

in the bakery queue is she wearing panties under that habit in this heat wave
I checked on google:
only fancy dresses hen nights sexual abandon

nothing about nuns' underwear habits (or mine)

is she wearing cotton tights a white slip under the black
a push-up bra cupping breasts weighed down with powdered milk

does she take pills for menstrual cycles as heavy as
Christ's bleeding in *The Passion*

does she whip herself to make her blood run fresh as salty as sweat
as coarse as the Dead Sea

Zaproszenie do teatru

Medea w mojej kuchni ostrzy noże
synowie w piżamkach jedzą kanapki z szynką i z liściem sałaty lodowej

Hamlet w neurotycznym epizodzie *być albo nie być* od rana jęczy
zamiast dywan odkurzyć po pokojach się plącze

Lear obłąkany snuje się od ściany do drzwi otwiera zamyka
patrzy na mnie czy to ja Kordelia czy inna Jokasta

Makbet przenosi las pod moje okna

Lady Makbet
kąpie się w mojej wannie myję jej plecy podaję frotowy ręcznik

i dla niej w szklance w zimnej wodzie rozpuszczam corega tabs

An invitation to the theatre

Medea in my kitchen is sharpening knives
my sons in pyjamas eating sandwiches with ham and a bit of iceberg

Hamlet in a neurotic fit of *to be or not to be* has been whining since sunrise
instead of hoovering the carpet he mopes around the house

Lear maddened lost between wall and door opening and closing
looks at me to see if it is me Cordelia or another Jocasta

Macbeth impersonating the woods by my window

Lady Macbeth
washing in my bath while I soap her back then hand her a towel

her denture tabs dissolving in a glass of cool water

Dzień targowy (poniedziałek)

dwie gitary klasyczne skąd się wzięli tacy starzy piękni na rogu Stawowej
grają fado jękliwe nawet coś z flamenco z nożem w zębach i różą

(spadają pięciogroszówki w futerały) klęczą Cyganki

żony rzucają się na gruntowe ogórki znowu sezon na szybkie kiszenie
potem zimowe aż do wiosny zostają w słoikach ogórki

mają żony w dupie gitary nawet nie wiedzą co to flamenco

jeszcze czosnek (ale nie chiński) koper korzeń chrzanu
liście wiśni dla twardości ogórków kiszonych

szukają zielonych pomidorów cukinii papryki na sałatki
przebierają w winogronach jakby były w raju idiotki

Market day (Monday)

two classical guitars out of nowhere ever so old so beautiful on Stawowa St
playing fado then flamenco pitched high a knife and a rose in clenched teeth

(coins ringing in guitar cases) Gypsy women kneeling

while housewives go crazy in the market for gherkins
to be pickled all winter stuck in jars until spring

they don't give a fuck the wives for guitars or flamenco

just add garlic (as long as it's not Chinese) dill ginger root
cherry leaves to ensure that the gherkins keep crisp

for their salads they hunt down green tomatoes courgettes peppers
picking through grapes in a rapture in their heaven the morons

Msza pogrzebowa

było mi zimno zapinałam kurtkę dżinsową
podciągałam bluzkę kurczyłam się w ramionach

kościelna ławka uwierała zapięcie stanika i kość ogonową

przypomniałam sobie że nie wyjęłam mielonego z zamrażalnika
że miałam kupić herbatę Lipton dla kotów Whiskas

spadły mi z czoła słoneczne okulary
sprawdzałam czy wyłączyłam komórkę

zimny w dotyku mężczyzna przekazał mi znak pokoju
dostałam dreszczy w kościelnej ławce

kobieta w czerni przed trumną rozcinała w sukience rękawy

A funeral mass

I felt cold did up my jean jacket
pulled down my blouse huddling in my own embrace

the church pew pressing against my bra strap and coccyx

I suddenly remembered I hadn't taken the mince out of the freezer
and about Lipton Tea and Whiskas for the cats

the shades fell from my head
I checked if my mobile was still off

a man with cold hands exchanged the sign of peace with me
I got the shivers there in the pew watching

a woman in black before the coffin tearing the sleeves of her dress

Dziewczynka bezimienna

nadano mi wszystkie imiona: Słowian Barbarzyńców Germanów
i żydowskie i imiona bogiń greckich (któraś z nich była kurwą i żoną boga)

wybierałam też imiona własne
chciałam być Matką Bożą z Guadalupe mieć swojego Juana Diego i lilie

(między nogami)

na bierzmowaniu dostałam na imię Michalina
nie o to chodziło chciałam być piękną jak Michèle Morgan

a byłam tylko kobietą twojego życia
o plecach z linią horyzontu z meszkiem wodorostów bliżej łona

w ramie okna miałam perłowe włosy i dla ciebie przycięłam udo szkłem drzwi
żebyś smakował słodycz mojej krwi

kot ciągle mi liże tę bliznę na udzie i nie krwawię
stoję w śniegu kryształowa biała naga zimna

ktoś otwiera mi nożem zamarznięte usta
mam swoją opowieść o nieśmiertelnym głodzie kolonii mrówek

A nameless girl

they gave me all sorts of names: Slav Barbarian German
and those of Jews and of Greek goddesses (one both a whore and a wife to a god)

I chose names for myself too
like Our Lady of Guadalupe with my own Juan Diego and the lilies

(between my legs)

at my confirmation they named me Michalina
this wasn't it either I wanted to be as pretty as Michèle Morgan

but all I was was the woman of your life
my back lined with the horizon a clump of seaweed near the womb

framed in a window my pearl-coloured hair and my thigh cut with a shard of glass
just so you could taste the sweetness of my blood

the cat keeps licking that scar and I no longer bleed
stood out in the snow made of crystal cold naked

a knife prizing open my frozen lips
regaling the immortal hunger of the colony of ants

SPIS TREŚCI

Przepraszam, czy to moja opowieść?

W tytule znanego polskiego filmu pojawia się pytanie „Przepraszam, czy tu biją?". Nie wiem, dlaczego właśnie on przyszedł mi do głowy. Być może chodzi o pokrewieństwo w opresji i agresji. Świat w wierszach Genowefy Jakubowskiej-Fijałkowskiej jest równie przykry i odstręczający, a bycie samo w sobie wydaje się naznaczone poniżeniem, napięciem, cierpieniem; bez przerwy trzeba uważać, żeby nie oberwać, a dostać można z każdej strony. W tych wierszach dostaje się tak często, że przestaje to na bohaterce robić wrażenie. Tak jakby świat nie miał czego innego jak tylko razy. Sztuka zatem polega na tym, by te razy oswoić, uznać może nie za słuszne, a raczej za naturalne, coś takiego jak deszcz, grad, przymrozek. Człowiek otoczony jest wrogością, staraniem innych, żeby uprzykrzyć życie. Czy w takiej sytuacji, w poczuciu stałego zagrożenia i dyskomfortu można mieć swoją opowieść? Te wiersze z pasją odpowiadają: tak. A nawet więcej – nie pozostaje ci nic innego, bracie (a raczej – siostro), jak tylko własna opowieść. I pilnuj się, żeby nie była prostym odwzorowaniem podłości świata, twoją wersją nienawiści, bowiem wtedy nie będzie już własną i oryginalną. Twierdzę z uporem maniaka: świat przedstawiony w tych tekstach nie jest tylko prostym odpowiednikiem mimesis. Za impulsywnym, neurotycznym odwzorowaniem, odbiciem kolejnego uderzenia i pomówienia, stoi coś jeszcze. Przekonanie o możliwości opanowania tej wojny wszystkich ze wszystkimi i uratowania godności. Kobieta staje nad codziennym pobojowiskiem i jakoś go ogarnia.

Kobieta, dziewczynka, staruszka – one wszystkie starają się utrzymać w ryzach trwanie i orzekanie o nim, usiłują zmieścić się w ramach jednorazowych, dosadnych narracji o sensie budowania wspólnoty albo chociaż jej pozorów. Te bohaterki nie ustają w porządkowaniu rzeczywistości, np. w sprzątaniu mieszkania, gotowaniu posiłków i myciu okien. Dręcząc się pytaniami w stylu „na chuj to wszystko?", dalej robią swoje. I ta dreptanina je ocala, tak jak podmiot liryczny gorączkowe notowanie kolejnych zapisków. Chropawych, nieefektownych, celowo nieładnych, ale tak wiarygodnych,

Excuse me, but is this my story?

There is a cult Polish comedy, made in the days of communism, called "Excuse me, is this place violent?". I am not sure why this particular title has come to mind as I read these poems. Perhaps I am in need of a point of reference which combines equal parts oppression and aggression. The world created by Genowefa Jakubowska-Fijałkowska is both sad and repulsive, riddled with moments of blatant humiliation, tension and suffering; characters have to be on permanent guard so as not to be attacked, as to evade assaults which could come from any direction. In her poems we are forced to confront violence so often that our guide is no longer disturbed by it. As if her world had nothing to offer but beatings. The art of living therefore becomes an attempt to tame these assaults, to see them as natural without considering them good, like rain, hail or frost. Human beings are surrounded by animosity and the efforts of others to make life even harder. Can one then, in this state of constant threat and disturbance, maintain a grasp on one's own story? These poems answer with an impassioned: yes. What is more, they suggest nothing is important, brother (or, in this case, sister), other than the telling of one's own story. And take care not to let it become a simple raging against the world's base elements, your own brand of hate, because then it will cease being a valid, essential tale. I will here state with the conviction of a madman: the universe presented in these poems is not some simple form of mimesis. Behind these impulsive, neurotic projections, the recounting of innumerable punches and insults, there is something else. The belief that it is possible to survive these wars and still retain one's dignity. The women we meet in these verses stand firm in their daily fields of battle and somehow weather every single storm.

A woman, a girl, a grandmother – they are all trying to do as best they can without complaining about their lot, fitting into the form of singular, blunt narratives the idea of constructive bonds or at least the appearance of such. These heroines do not pause in the struggle to order reality, tidy homes, prepare meals or wash windows.

aż utwierdzających w przekonaniu, że chaosowi udało się wyrwać kolejny soczysty kawałek. Teraz czytelnik ogryzie go do kości, wysysając gorycz i czczość, śmiertelny smak identycznego poczucia bezsensu.

Wynika z tych wierszy, że kobiecości o wiele trudniej borykać się z określonymi przez kulturę formami. Faceci mają łatwiej. O, taki Bukowski na przykład... Facet kontestuje bez poważniejszych konsekwencji. Kobieta ma więcej do stracenia. Dobre imię, pozycję, znaczenie. I jeszcze ta odpowiedzialność za własne ciało, jego granice i pragnienia, za umierającą matkę i niedojrzałych synów. Kobieta musi b y ć b a r d z i e j, a na mniej może sobie pozwolić.

Fenomen tej poezji wynika chyba właśnie z tego typu rozpaczy: patrzcie, jak ja sobie mimo wszystko pozwalam, jak bawię się waszym męskim językiem, jak przymierzam formy kontestacji i niezgody, jak przedmiesiączkowym napięciem ogarniam cały świat łącznie z waszym Kościołem, Bogiem, Obyczajem, Tradycją i pustymi rytuałami. Chcę od razu podkreślić: mamy do czynienia z czymś stojącym zupełnie obok przyjętych norm, a więc ujawniana tu wulgarność nie jest wcale wulgarna. Nie wiem, jak to się dzieje, że te kobiece złorzeczenia wydają się uzasadnione i czyste. Sięga się po takie formy wyrazu, demonstracyjnie rozmijające się z „kulturą wysoką" i „dobrym smakiem", gdyż kultura ta nie wykształciła rzeczywiście nośnych możliwości wykrzyczenia przez kobietę „innego bólu", poczucia zbędności i braku miejsca dla siebie.

Bo to to są wiersze o braku miejsca. Nawet te słynne miejsca wspólne („topoi") ulegają jeśli nie rozkładowi, to rozchwianiu, bo nie znajdują odpowiedniego, w pełni poświadczonego kobiecym doświadczeniem, zastosowania. Coś zawsze uwiera. Czy na pogrzebowej mszy, czy na intelektualnym spotkaniu dotyczącym filozofii i poezji, czy podczas miłosnego aktu. We wszystkim i ze wszystkim jest coś nie tak. Chwilami bohaterka czuje się jak Żydówka czekająca na śmierć w krematorium. Czeka się, czyli żyje się czekaniem, żyje się obok prawdziwego życia, zastępczo. Żyje się brzydko. Brzydota wypełnia wnętrza ludzi, ich mieszkania i widoki za oknem. Tęsknota za pełnią, pięknem i wzniosłością pozostaje kolejnym

Punishing themselves with questions of *what the fuck for?* they keep on doing their thing. And this hustle and bustle saves both them and the author of these notes from a hellish underground. Rough, humble, intentionally awkward, but at the same time so utterly powerful they convince us that it is possible to wrestle meaty verses from the gods of chaos. Now, the reader must gnaw down to the bone, sucking on bile and fury and the commonplace sense of mortal abandon.

These poems imply that women find it much harder to express themselves using forms typical of our culture. Men have it easier. Yes, say a Bukowski... such a man can take on the world without considering the consequences. A woman has more to lose. Her good name, her role in society, her sense of purpose. Added to it, the responsibility for one's own body, its limits and loves, maybe having to care for a dying mother or for sons refusing to grow up. A woman must be more, while having to do with less.

The wonder of these poems seems to come from this kind of despair: look at me, in spite of everything, taking risks, toying with your macho lexicons, testing new forms of confrontation and dissent, in premenstrual tension embracing the world whole along with your Church, God, Customs, Traditions and hollow rituals. I must stress from word go: we are dealing here with a voice set completely apart from accepted norms, and so the vulgarity it sometimes spits forth is not vulgar at all. I am not sure how Jakubowska-Fijałkowska does it, makes these female curses appear justified and righteous. She uses such literary devices to evade the spectres of "high culture" and "good taste", seeing as such concepts do not allow women to express their "other pain", their feeling of uselessness and displacement.

Because these are tales of being lost. Even the famous "shared "places (Greek *topoi*) result in if not decomposition then at least dissonance, being unable to fully express contemporary feminine experience. Something still grates, be it at a funeral mass or an intellectual debate regarding philosophy and poetry or during the act of lovemaking. In all and with all something is not right. At times, her heroines feel like Jewish women awaiting death in a crematorium. One waits, wyszydzonym fantazmatem. Bohaterka oprowadza nas po swoim świecie niczym „pracownica socjalna" otwierająca drzwi kolejnego, pełnego brudu i rozkładu, mieszkania.

Co zatem pozostaje? Co nas, czytelników, jeszcze trzyma przy tych wierszach? Czy nie oczekujemy od sztuki pocieszenia, zapewnienia o sensie i wartości? Jakubowska-Fijałkowska pisze widocznie dla tych, którzy nie oczekują. Jest w tym szczera i konsekwentna, układając swoją mozaikę z pokrwawionych szkiełek, pordzewiałych igieł i kawałków rozlatujących się pampersów. I w tym jest prawdziwa.

Wydaje mi się, że pisze także dla mnie. I ja nieraz czuję się głęboko zbędny, rozdarty sprzecznymi emocjami i intuicjami, niewyrażalny, szukający siebie w formach zwichniętych czy grubiańskich. Tak, to jest moja opowieść. Z rodzaju tych najtrudniejszych, które usiłują dobrać głos do wiarygodnego mówienia o seksualności i śmiertelności, samobójstwie i szaleństwie.

Karol Maliszewski

therefore one lives in waiting, alongside real experience, as a substitute. One lives *ugly*. Ugliness fills people within, their apartments and the views from their windows. The longing for wholeness, beauty and transcendence remains just another ridiculed illusion. The narrator leads us around her hell as if she were a "social worker" opening door after door, revealing homes full of dirt and decay.

What then remains? What keeps us, readers, captivated by these poems? Do we not expect art to console us, to secure our sense of reason and our value systems? Jakubowska-Fijałkowska evidently writes for those who have no such expectations. In this she remains honest and resolute, arranging her mosaic of bloodied shards, rusted needles and ragged scraps. A landscape she makes truly her own.

I believe she also writes in my name, because I also, frequently, feel redundant, torn between conflicting emotions and intuitions, beyond effective means of expression, seeking the self in forms either warped or worn. Yes, this is my story too. Cut from the hardest stuff, the sort which aims to find and give voice to true testimonies of sexuality and mortality, of suicide and insanity.

Karol Maliszewski

Genowefa Jakubowska-Fijałkowska – ur. w 1946 roku w Mikołowie. Wydała tomy wierszy: *Dożywocie* (1994), *Pan Bóg wyjechał na Florydę* (1997), *Pochylenie* (2002), *Czuły nóż* (2006), *Ostateczny smak truskawek* (2009), wybór wierszy *i wtedy minie twoja gorączka* (2010), *Performance* (2011) i czeski wybór wierszy *Něžný nůž* (2011). Wiersze publikowała także w *ANTHOLOGIA #2* wydanej przez Off_Press w Londynie. Wiersze publikowała między innymi w „Akcencie", „Odrze", „Frazie", „Kwartalniku Artystycznym", „Wyspie", „Śląsku", „Opcjach", „Arkuszu", „Twórczości", „Zeszytach Literackich", „Arkadii", „Toposie", „Red", „Nowej Okolicy Poetów", „Ricie Baum", „Gazecie Wyborczej", oraz w sieciowych pismach literackich, między innymi: „Pobocza", „Zeszyty Poetyckie", „artPAPIER" i innych stronach internetowych: „Fundacja Karpowicza", „Modowo", „Śląska Strefa Gender". Poetka brała także udział w festiwalach poetyckich w Czechach, Słowenii i Austrii. Radio Katowice wyemitowało pięć słuchowisk poetyckich na podstawie jej tekstów poetyckich. Wiersze poetki były tłumaczone na język czeski, słoweński, niemiecki, angielski i rosyjski. Dwukrotna stypendystka Ministra Kultury i Dziedzictwa Narodowego. Mieszka i pracuje w Mikołowie.

Genowefa Jakubowska-Fijałkowska – born 1946 roku in Mikołów. Her books of poetry include: *Dożywocie* (1994), *Pan Bóg wyjechał na Florydę* (1997), *Pochylenie* (2002), *Czuły nóż* (2006),*Ostateczny smak truskawek* (2009), plus the collections *i wtedy minie twoja gorączka* (2010), *Performance* (2011), as well as the Czech translation *Něžný nůž* (2011). Her poems were published in *ANTHOLOGIA #2* (OFF_PRESS, London, 2010) and in journals such as "Akcent", "Odra", "Fraza", "Kwartalnik Artystyczny", "Wyspa", "Śląsk", "Opcje", "Arkusz", "Twórczość", "Zeszyty Literackie", "Arkadia", "Topos", "Red", "Nowa Okolica Poetów", "Rita Baum", "Gazeta Wyborcza" and on-line literary publications including: "Pobocza", "Zeszyty Poetyckie", "artPAPIER", "Fundacja Karpowicza", "Modowo" and "Śląska Strefa Gender". She has taken part in literary festivals in the Czech Republic, Slovenia and Austria. Radio Katowice has broadcast a series of plays based on her poetry. Her poems have been translated into Czech, Slovene, German, English and Russian. Having twice been awarded the Ministry of Culture and National Heritage scholarship, she still lives and works in Mikołów.

First published in 2012
by OFF_PRESS, London, U.K.

Book design by Tomasz Wysota www.7grafiks.com

Cover photograph by Agnieszka Sitko

Publishing consultant: Monika Blaszczak

Additional editing: Dr Urszula Chowaniec

Zrealizowano w ramach stypendium z budżetu Ministra Kultury i Dziedzictwa Narodowego
This book has been produced with assistance from the Ministry of Culture and National Heritage

ISBN 9780957232709

OFF_PRESS
46 The Village
London SE7 8UD
UK

www.off-press.org

+9780957232709N

Lightning Source UK Ltd.
Milton Keynes UK
UKOW030628010612

193754UK00003B/1/P